AF550536

STEINREICH – Naturpark Steinwald

Wolfgang Benkhardt / Siegfried Steinkohl

STEINREICH

Bibliografische Information Der Deutschen Bibliothek

Die Deutsche Bibliothek verzeichnet diese Publikation in der Deutschen Nationalbibliografie; detaillierte bibliografische Daten sind im Internet über http://dnb.ddb.de abrufbar.
ISBN 978-3-95587-104-8

Für uns, die Battenberg Gietl Verlag GmbH mit all ihren Imprint-Verlagen, ist Nachhaltigkeit ein wichtiger Teil unserer Unternehmensphilosophie. Daher achten wir bei allen unseren Produkten auf den Einsatz umweltschonender Ressourcen und Materialien.
Dieses Buch wurde auf FSC®-zertifiziertem Papier gedruckt. FSC (Forest Stewardship Council®) ist eine nicht staatliche, gemeinnützige Organisation, die sich für die verantwortungsvolle und ökologische Nutzung der Wälder unserer Erde einsetzt.

Unsere Partnerdruckerei kann zudem für den gesamten Herstellungsprozess nachfolgende Zertifikate vorweisen:

- Zertifizierung für FOGRA PSO
- Zertifizierungssystem FSC®
- Leitlinien zur klimaneutralen Produktion (Carbon Footprint)
- Zertifizierung EcoVadis (die Methodik besteht aus 21 Kriterien in den Bereichen Umwelt, Einhaltung menschlicher Rechte und Ethik)
- Zertifikat zum Energieverbrauch aus 100 % erneuerbaren Quellen
- Teilnahme am Projekt „Grünes Unternehmen" zum Schutz von Naturressourcen und der menschlichen Gesundheit

Überarbeitete und erweiterte 2. Auflage 2023
ISBN 978-3-95587-104-8

www.battenberg-gietl.de

Vorwort

Eberhard Freiherr von Gemmingen-Hornberg

Gurgelnde Bäche, geheimnisvolle Felsen, alte, auch tote Bäume, große und kleine Teiche – das und vieles mehr finden Sie im Naturpark Steinwald. Solche Juwele halbwegs intakter Natur sind in unserer dicht besiedelten und von Menschen gestalteten Kulturlandschaft selten. Schutz durch behutsame Nutzung ist die Devise. Gegenseitige Rücksichtnahme statt egoistischer Ausbeutung.

Artenvielfalt ist zur Zeit in aller Munde und die Vielfalt der Arten ist im Steinwald besonders hoch. Das konnte alles nur entstehen, weil verantwortungsbewusste Grundbesitzer – kommunal, staatlich oder privat – den ihnen anvertrauten Grund und Boden pfleglich und nachhaltig behandelt haben. Schon vor Jahrzehnten haben sie die Schönheit und Einmaligkeit des Steinwaldes erkannt und allen Versuchungen widerstanden, durch harte Eingriffe in die Natur vielleicht mehr Geld verdienen zu können.

Seit 1970 bietet nun das Prädikat Naturpark einen gewissen Schutz. 50 Jahre erfolgreich zum Wohl unserer Heimat. Ich wünsche mir, dass es so bleibt und keine bösen Verlockungen die Schönheit des Steinwaldes ruinieren.

Dr. Siegfried Steinkohl und Wolfgang Benkhardt haben einen prachtvollen Bildband über den Steinwald herausgebracht – herzlichen Dank dafür! Bilder und Texte laden ein, diese landschaftliche Perle zu besuchen.

Lassen Sie sich durch dieses Buch anregen zu schönen Stunden in unserer wunderbaren Natur! Respektieren Sie dabei das vielseitige Ökosystem Wald, dann ist ein konfliktfreies Nebeneinander von Erholung, menschlicher Nutzung, Artenvielfalt und der landschaftlichen Schönheit unserer Heimat gesichert.

Eberhard Freiherr von Gemmingen-Hornberg
Naturpark Steinwald, 1. Vorsitzender

Lokale und naturparkübergreifende Wanderwege

Karte Naturpark Steinwald

Übersichtskarte vom Naturpark Steinwald, erstellt durch Maximilian Steinkohl

Das „Friedenfelser Heimatlied" hat die Friedenfelser Liedermacherin Helene Steinhauser unsterblich gemacht. 1952 textete und komponierte sie das Lied über die „Perle am Steinwaldrand". Liebevoll beschreibt sie die Menschen und die Landschaft des Steinwaldes, was sie weit über die Heimatgrenzen hinaus bekannt machte.

Inhaltsverzeichnis

Der erste Naturpark der Oberpfalz

Eigentlich ist es paradox. Das Wort Park leitet sich vom mittellateinischen Begriff *parricus* ab, was so viel wie „Gehege" heißt. Ein Naturpark ist aber genau das Gegenteil von einem Gehege. Ohne Zaun und Gatter sollen hier Mensch und Natur in Einklang gebracht werden. So wie sie es Jahrhunderte waren. Schließlich hat der Mensch die wilde Natur zur artenreichen Kulturlandschaft gemacht, welche die Naturparks heute bewahren wollen.

In den 1960er und 1970er Jahren hat die Naturpark-Idee um sich gegriffen, auch weil man das touristische Potenzial erkannt hat, das in der Schönheit der Natur liegt. Das war eine große Chance für die Region. Der Naturparkverein Steinwald wurde am 12. Februar 1970 in der Schlossschänke Friedenfels aus der Taufe gehoben. Der Steinwald war der erste Naturpark in der Oberpfalz, der siebte Naturparkverein in Bayern und der 40. in der Bundesrepublik.

Lange war der Steinwald mit seinen knapp 250 Quadratkilometern der kleinste Naturpark im Freistaat. Dieses Attribut hat er 2017 an den Naturpark Ammergauer Alpen verloren. Doch auch ohne diesen Superlativ geht vom Steinwald eine eigenartige Faszination aus. Die ungewöhnlichen Steinriesen, welche die geduldigen Kräfte der Natur im Laufe der Jahrmillionen geschaffen haben, sind nicht nur ganz besondere Lebensräume, sondern beflügeln auch die Fantasie. So erzählt man sich, dass es hier umgehen soll. Der Steinwald ist im wahrsten Sinne des Wortes ein sagenhafter Naturpark.

Das Gebiet liegt zwischen dem Fichtelgebirge im Norden und dem Oberpfälzer Wald im Süden, zwischen dem Oberpfälzer Hügelland im Westen und dem Stiftland im Osten und ist damit Teil des „Grünen Dachs Europas", das sich vom Bayerischen Wald bis zum Frankenwald erstreckt, mit dem Böhmerwald vernetzt ist und eine wichtige Rolle bei der Ausbreitung von seltenen Arten spielt.

Nach der Gründung des Naturparkvereins lag der Schwerpunkt, ganz dem damaligen Zeitgeist entsprechend, erst einmal bei Bau- und Erschließungsmaßnahmen. Wandertafeln wurden entworfen und aufgestellt, Wanderwege ausgewiesen, eine Waldkapelle gebaut … Bereits vor der Gründung des Naturparkvereins hatte Wolfram Geuss einen Waldlehrpfad zum Waldhaus eingerichtet und ein Schwarzwildgehege bei Pfaben eingezäunt, das nicht mehr existiert. Der Oberforstmeister war auch einer der Motoren der Gründung des Naturparkvereins.

Die Info-Stelle des Naturparks im Waldhaus

Aus dieser Anfangszeit stammt auch der Oberpfalzturm auf der 946 Meter hohen Platte, eines der Wahrzeichen des Steinwalds. Der heutige Turm ist übrigens nicht mehr das Original, das 1972 errichtet worden war. Weil der Turm baufällig war, wurde er 1998 abgebrochen. Zwei Jahre später, im Jahr 2000, wurde der neue Turm auf der Platte eingeweiht, quasi ein Millenniumsgeschenk an den Naturpark und die Bevölkerung. Der Name Oberpfalzturm rührt übrigens daher, weil die Platte seinerzeit die höchste Erhebung der Oberpfalz war. Auch diesen Superlativ hat der Steinwald bei der Gebietsreform verloren. Der höchste Berg ist nun im Bayerischen Wald der 1383,6 Meter hohe Kleine Arber. Eine traumhafte Aussicht hat man aber vom Oberpfalzturm noch immer.

Ein weiteres Wahrzeichen des Naturparks ist die Burgruine Weißenstein, die von der Gesellschaft Steinwaldia in mühevoller Kleinarbeit aus dem Dornröschenschlaf geweckt worden ist. Einmal im Jahr ist die Ruine ein ungewöhnlicher Schauplatz von Konzerten und eines Gottesdienstes.

Mittlerweile liegt der Schwerpunkt der Naturparkarbeit bei Artenschutzprogrammen. So gibt es in den klaren Bergbächen noch Bestände der selten gewordenen Flussperlmuschel, die auf Bachforellen als Wirtsfisch angewiesen ist und äußerst sensibel auf Veränderungen ihres Lebensraums reagiert. Auch Luchs und Wildkatze schleichen wieder durch das Unterholz. Es gibt Programme für den Feuersalamander, die Fledermäuse und die Kreuzotter. Der Uhu lebt ohnehin noch in der Region, und der Habichtskauz soll wieder angesiedelt werden. Die Teichgebiete im Naturparkgebiet sind ebenfalls ungemein artenreich. Dort gehen auch Fisch- und Seeadler sowie Fischotter wieder auf Beutefang. Es ist wohl nur eine Frage der Zeit, bis auch der Wolf wieder heimisch wird. Ganz in der Nähe, am Truppenübungsplatz Grafenwöhr und im Manteler Wald, gibt es bereits Wolfsrudel.

Ein Ziel der Naturparkarbeit ist es heute, die Besucherströme so zu leiten, dass diese Artenschutzprogramme nicht gefährdet werden. Dazu gibt es im Steinwald vier Informationsstellen, die umfassend über das Schutzgebiet und die Arbeit, die dort geleistet wird, informieren. Die Informationsstellen befinden sich in Fuchsmühl (dort ist auch die Geschäftsstelle des Naturparks), in der Grenzmühle bei Wäldern, im Waldhaus und in der Glasschleif der Gesellschaft Steinwaldia bei Arnoldsreuth (Gemeinde Pullenreuth).

Darüber hinaus gibt es noch einen Waldhistorischen Lehrpfad, der in Pfaben startet und faszinierende Einblicke in den Naturpark und seine Geschichte ermöglicht. Etliche Thementafeln liefern Informationen zur Waldbewirtschaftung und den Lebensbedingungen von gestern und heute. Der Lehrpfad spannt den Bogen von der forstlichen Nutzung bis hin zur Geologie.

Der 1972 errichtete alte Oberpfalzturm

Ein Werk der geduldigen Kräfte der Natur

Bronzestatue „Mutter Erde“ auf dem Weißenstein, geschaffen von dem einheimischen Künstler Engelbert Süß

Bei jeder Wanderung, bei jedem Spaziergang, bei jeder Radtour in den Steinwald wird deutlich, dass der Naturpark steinreich ist. Lange ging man davon aus, dass der Steinwald der südlichste Ausläufer des Fichtelgebirges sei, aber das haben Wissenschaftler mittlerweile widerlegt. Die Granitvorkommen im Steinwald sind wesentlich weicher und enthalten im Gegensatz zum Gestein im Fichtelgebirge kein Lithium. Ein Indiz für die unterschiedliche Entstehungsgeschichte sind auch die vielen Basaltaufschlüsse und Kalkvorkommen im Naturpark, die wesentlich jünger als die Granitvorkommen sind und damit den Steinwald ebenfalls geologisch vom Fichtelgebirge abgrenzen.

Der Granitrücken des Steinwalds dürfte vor etwa 300 bis 350 Millionen Jahren entstanden sein, als verschiedene Schichten der Erdkruste übereinandergeschoben wurden. Damals stieg flüssiges Gestein auf und erhärtete in mehreren Kilometern Tiefe. Die Erdoberfläche wurde langsam abgetragen. Bei der Entstehung der Alpen wurden die Gebirgsstümpfe weiter nach oben geschoben. Die Basaltkuppen, wie Waldecker Schlossberg (640), Armesberg (731), Großer Teichelberg (683) und Plößberg (820), die den Steinwald im Westen, Norden und Osten umgeben, sind erst wesentlich später, nämlich im Tertiär, also vor 66 bis 2,5 Millionen Jahren, entstanden.

Im Steinwald gibt es auch Edelsteine, wie Achat und Jaspis, und viele Erze, darunter Spat-, Braun- und Roteisen. Im Mittelalter wurden diese Erze abgebaut und verhüttet. Die Fichtelnaab und auch kleinere Bäche, wie der Hainbach, trieben Hammerwerke an. Sie sind lange verstummt, da die Vorkommen klein und damit wirtschaftlich nicht interessant sind. Vor allem in Erbendorf wurde dabei zeitweise intensiv Bergbau betrieben. Auch Gold und Silber wurden abgebaut. Das Heimat- und Bergbaumuseum in der Stadt ermöglicht einen Einblick in die Mineralienvielfalt des Steinwalds. Dort sind auch Bergkristalle aus dem Steinwald zu sehen. Aus Erbendorf stammt auch die ungewöhnliche Bauernregel, nach der ein Bauer, bevor er mit einem Stein nach seiner Kuh wirft, sich den Stein genau ansehen sollte. Es könnte nämlich sein, dass der Stein wertvoller als seine Kuh sei, so heißt es.

Auch wenn sie den Naturpark einzigartig machen: Für den Namen Steinwald sind die vielen großen und kleinen Steine und Felsgruppen nicht verantwortlich. Er rührt vielmehr vom Weißenstein (863) mit der gleichnamigen Burgruine her. Der Name Steinwald ging aus dem Weißenstein-Wald hervor. Auch der Name des benachbarten Fichtelgebirges hat übrigens mit der Fichte nichts zu tun. Er erinnert vielmehr an die Wichtel, die dort einst gelebt haben sollen. Oder immer noch leben, wer weiß?

Steinriesen beflügeln seit jeher die Fantasie der Menschen. Die bizarren Felstürme tragen im Naturpark ungewöhnliche Namen wie Saubad (858), Schlossfelsen (913), Knockfelsen (708), Steinschlatter (846, nach einem Forstmann auch Reiseneggerfelsen genannt) und Katzentrögel (941). Einige sind mit Besteigungsanlagen erschlossen und ermöglichen damit auch ungeübten Kletterern ein Gipfelerlebnis. Andere liegen versteckt im Wald und sind wichtige Rückzugsgebiete für die Tiere des Steinwalds, zum Beispiel für den Luchs, den Uhu und die Wildkatze, die hier wieder heimisch sind und die kaum ein Wanderer je zu Gesicht bekommt. Aber es ist schon irgendwie prickelnd zu wissen, dass sie irgendwo sitzen oder liegen.

Die wohl bekannteste Felsformation im Naturpark ist die im Südwesten des Gebiets gelegene Zipfeltannen-Gruppe (756), in der mit etwas Fantasie auch die Sphinx von Gizeh zu erkennen ist und die vom Wanderparkplatz in Pfaben zu Fuß in wenigen Minuten erreichbar ist. Im Gegensatz zur richtigen Sphinx ist die Steinwald-Sphinx nicht von Menschenhand geschaffen worden, sondern einer Laune der Natur entsprungen.

Wissenschaftler bezeichnen das, was im Steinwald vor sich geht, als Wollsackverwitterung. Das Zusammenspiel von chemischen und physikalischen Kräften ist dafür verantwortlich. Wind und Wetter schleifen die durch Erosion freigelegten Felstürme ab. Wasser dringt in Klüfte ein, gefriert im Winter und sprengt immer wieder Teile von den Felsburgen ab. Die Natur hat Zeit, rechnet in Jahrmillionen. Das 50-jährige Bestehen des Naturparkvereins, das zu diesem Buch geführt hat, ist da nicht einmal ein Wimpernschlag in der Geschichte des Steinwalds.

Besonders gut kann man die Verwitterung am Saubadfelsen (858) sehen, der ganz in der Nähe des Waldhauses liegt. Der 20 Meter hohe Granitriese ist einer jener Blöcke, die mit einer Besteigungsanlage ausgestattet sind. Von oben hat der Wanderer einen einzigartigen Blick auf das „steinerne Meer" des Naturparks. Auf einer Fläche von 200 Metern Länge und 60 Metern Breite wandern die abgesprengten Granitbrocken dort Millimeter für Millimeter talwärts und machen deutlich, welche gewaltigen Kräfte hier am Werk sind. Bäume und Sträucher haben keine Chance, diese Talfahrt zu stoppen. Welch eindrucksvoller Granitriese muss dieses Saubad einst gewesen sein. Die Baumeister Geduld und Vergänglichkeit haben ihn zerlegt. Und sie sind immer noch dabei, den Naturpark zu formen und zu gestalten. Und sie werden erst damit aufhören, wenn der letzte Stein geschliffen und in Einzelteile zerbröselt ist.

Bei genauerer Betrachtung der vielen Steinriesen wird deutlich, warum Experten hier von Wollsack- oder Matratzenverwitterung sprechen. Viele abgerundete, zerklüftete Granit-Ungetüme sehen wirklich so aus, wie wenn hier gefüllte Säcke aufeinandergestapelt worden wären. Vielleicht waren das die Riesen, die sich früher an der Riesenschüssel zum gemeinsamen Essen getroffen haben sollen? Oder die Wichtel aus dem benachbarten Fichtelgebirge mit ihren zauberhaften Kräften.

Bei den Kletterern bekannt sind der Räuberfelsen (670 Meter) und der Vogelfelsen (620 Meter). Der eine soll so heißen, weil dort früher Räuber Unterschlupf fanden. Vielleicht war der andere ja eine beliebte Brutstätte für den Uhu oder andere Vögel des Steinwalds. Heute sind die beiden große Granitmassive beliebte Kletterfelsen mit schönen Routen im mittleren Schwierigkeitsbereich.

Ein weiterer Kletterfelsen ist der Augsburger Felsen beim Hackelstein (723 Meter), der über Fuchsmühl zu erreichen ist und alle zehn Jahre auch Schauplatz der Fuchsmühler Holzschlacht ist, eines Historienspiels um Holzrechte im Steinwald. Sie greift Vorfälle aus dem Jahr 1894 auf. Damals wurden Holzrechte im Zoller'schen Lehenswald, auch Schrammlohe genannt, blutig niedergeschlagen. Ein schlichter Gedenkstein im Wald erinnert noch an dieses blutige Ereignis.

Hochgebirgspanorama am Palmlohfelsen

Linke Seite:
Eine typische Verwitterungsform des Granits ist die Wollsackverwitterung. Das Bild zeigt die Felsformation Zipfeltanne mit der Steinwald-Sphinx (im Hintergrund).

Rechte Seite:
Links oben: Das Vogelfelsmassiv ist bekannt für seine leichten bis schweren Sportkletterrouten. Auch für Kinder als Klettereinstieg geeignet.

Rechts oben: Beim Anblick der hohen Felswände kommt man sich als Mensch winzig vor (hier der Brandfelsen).

Rechts Mitte: Nahezu unerschöpflich ist im Steinwald das Angebot an imposanten Felswänden (hier der Dachsfelsen).

Rechts unten: Die leuchtend gelbe Schwefelflechte bevorzugt saures Granitgestein an schattigen, luftfeuchten und regengeschützten Standorten.

Oben: Etwas abseits vom Oberpfalzturm befindet sich im beruhigten Steinwaldbereich das Katzentrögel.

Unten: Die „Basaltpferde" in der Nähe des Weißensteinparkplatzes sind Überreste eines ehemaligen vulkanischen Förderschlotes in der Vulkanzone des Egergrabens.

Rechte Seite: Direkt neben dem Radweg Friedenfels-Wiesau befindet sich der idyllisch gelegene Haferdeckmühlfelsen am gleichnamigen Weiher.

Linke Seite:

Oben: Blick vom Grandfelsen Richtung Norden nach Oberfranken

Unten rechts: Auch für erfahrene Kletterer ist der Räuberfelsen eine Herausforderung. Man erreicht ihn am besten vom Wanderparkplatz Pfaben aus.

Unten links: Auf dem Weg vom Waldhaus Richtung Glasschleif kommt man am Huberfels-Massiv vorbei.

Rechte Seite:

Wenig bekannt: der Knockfelsen

Linke Seite:

Links oben:
Der Hackelstein bei Fuchsmühl

Rechts oben: In der Nähe des Waldhauses liegt etwas unzugänglich und versteckt der Palmlohfelsen.

Links unten: Erinnert einen der Felsen nicht an einen Dackelkopf?

Rechts unten: Der Friedensfels soll dem Ort Friedenfels seinen Namen gegeben haben.

Rechte Seite:

Oben: Basaltsteinhügel bei Zainhammer als Relikt aus der vulkanischen Tätigkeit im Tertiär

Unten: Solche Felsunterstände, wie hier am Grandfelsen, sollte man bei Gewitter meiden.

Der Steinwald liegt im Zentrum des ehemaligen „Variszischen Gebirges", dessen Entstehung vor ca. 320–290 Millionen Jahren seinen Höhepunkt hatte und eine Höhe von einigen tausend Metern aufwies. Die Reste der Granitintrusionen sieht man hier im Steinmeer des Saubadfelsen, nur wenige Meter vom Waldhaus entfernt.

Linke Seite:

Der Serpentinit-Hornfels-Aufschluss im ehemaligen Steinbruch „Dürrer Schlag" bei Thumsenreuth gehört zur sogenannten „Erbendorfer Grünschieferzone", welche den Ursprung in Basalten eines ehemaligen Ozeanbodens hat.

Rechte Seite:

Der Steinwald weist eine vielfältige geologische Zusammensetzung auf. Das Hauptgestein ist der Granit (Bild links oben). Serpentinit auf dem Föhrenbühl (Bild links unten) mit Ausbildung von Chrysothil-Asbest (Bild rechts unten). In Klüften des Granits kann man mit etwas Glück schöne Bergkristalle entdecken (Bild rechts oben).

Ein bisschen Siebenstern, ein bisschen Arnika

Die Arnika ist das Symbol der Oberpfälzer-Wald-Vereine. Die Fichtelgebirgsvereine haben den Siebenstern zu ihrem Zeichen gewählt. Es kommt nicht von ungefähr, dass beide Pflanzen im Steinwald vorkommen. Denn unter den Touristikern gibt es immer wieder Diskussionen, wo der Steinwald denn hingehört. Ist er der südlichste Ausläufer des Fichtelgebirges oder der nördlichste Teil des Oberpfälzer Waldes? Die Steinwälder sind sich einig, dass der Steinwald eben der Steinwald ist und eigentlich nirgends dazugehört. Aber sie denken auch pragmatisch und haben überhaupt nichts dagegen, wenn die Urlaubsregionen (neudeutsch Destinationen genannt) Oberpfälzer Wald und Fichtelgebirge mit den Schönheiten des Steinwalds werben.

An Selbstbewusstsein mangelt es der Region ohnehin nicht. Das „Mia san mia"-Gefühl war im Steinwald schon immer verbreitet, lange bevor ein bekannter Fußballverein dies zu seiner Philosophie erkoren hat, haben die Leute im Steinwald ihr Schicksal selbst in die Hand genommen. Sie haben versucht, aus dem Wenigen so viel zu machen, dass es für den Lebensunterhalt reicht. Das Wenige, das sind die kargen Böden und die schwierig zu bewirtschaftenden Wälder. Aber es gibt bisweilen auch viel, nämlich viel Schnee. Auch wenn die Winter einiges von ihrem einstigen Schrecken verloren haben, kommt der Frühling hier doch zwei Wochen später als in den meisten Oberpfälzer Gebieten. Nicht selten machen sich in der Oberpfalz vielerorts bereits Frühlingsgefühle breit, während im Steinwald noch Langläufer auf gespurten Loipen ihre Runden drehen.

Das im Steinwald auf einer Lichtung gelegene Waldhaus ist zum Symbol dieser Genügsamkeit und Mentalität geworden. Bis in die 1950er Jahre war das 1898 in Massivbauweise errichtete Haus bewohnt, obwohl seit den 1930er Jahren die Land- und Gastwirtschaft kaum noch Erträge abwarfen. Und obwohl die Förster ihr Revier auch mittlerweile gut mit dem Auto erreichen konnten. Gebaut worden war das Haus, weil der Forstaufseher immer sehr lange unterwegs war, bis er zu seiner Arbeitsstätte gelangte und weil es halt vor Ort leichter war, Wald- und Wildfrevel zu bekämpfen. Der Forstaufseher betrieb dort oben auch eine kleine Landwirtschaft und eröffnete trotz der beengten Verhältnisse eine Bierwirtschaft, um über die Runden zu kommen.

Lange stand das Waldhaus nach dem Auszug des letzten Bewohners leer. Dann war es einem Zufall zu verdanken, dass das Gebäude nicht dem Erdboden gleich gemacht wurde. 1997 wurde Regisseur Xaver Schwarzenberger auf das Häuschen aufmerksam. Er suchte einen Drehort für den Spielfilm „Krambambuli" und wurde im Steinwald fündig. Viele Szenen der Neuverfilmung der 1883 erstmals veröffentlichten Novelle von Marie von Ebner-Eschenbach wurden hier aufgenommen. Die Novelle passt auch inhaltlich zum Steinwald und zum Waldhaus. In einem Wirtshaus macht der Revierjäger Hopp die Bekanntschaft mit einem Wilddieb. Der Wilderer hat einen Hund, der es dem Jäger angetan hat. Es gelingt ihm schließlich, den Vierbeiner gegen zwölf Flaschen Wacholderschnaps, auch Krambambuli genannt, einzutauschen. Der Hund wird für seinen neuen Besitzer jedoch zur tragischen Figur, weil zuerst der Graf ein Auge auf ihn wirft und sich der Vierbeiner später zwischen dem Wilddieb und Revierjäger Hopp entscheiden muss, was letztlich dazu führt, dass der Hund eingeht.

Eine Geschichte, die aus dem Leben gegriffen ist und in der Marie von Ebner-Eschenbach eigene „Hundstage" verarbeitet hat. Unter anderem standen Christine Neubauer, Tobias Moretti und Gabriel Barylli dafür im Steinwald vor der Kamera.

Der Film wurde zwar kein Kassenschlager, aber er wurde mit mehreren Preisen ausgezeichnet und er öffnete den Verantwortlichen im Steinwald die Augen. Das Waldhaus wurde nicht abgerissen, sondern saniert und umgebaut und ist heute eines der beliebtesten Ausflugsziele des Naturparks. Neben einer an den Wochenenden geöffneten Gastwirtschaft mit idyllisch gelegenem Biergarten sind dort auch Info-Stellen des Naturparks Steinwald, des Geoparks Bayern-Böhmen und der Forstverwaltung untergebracht.

Wer sich vom Wanderparkplatz in Pfaben auf den Weg zum Waldhaus macht, hat auch unterwegs die Möglichkeit, mehr über die früheren Lebensverhältnisse im Steinwald zu erfahren. Von dort führt ein Waldhistorischer Lehrpfad zur „Krambambuli-Hütte". Auf 5,5 Kilometern ermöglicht er faszinierende Einblicke in das entbehrungsreiche Leben der Vorfahren. In die Zeit, als mit dem Wasser der klaren Bäche aus dem Steinwald noch Glasschleifen und Hammerwerke angetrieben wurden, als die Köhler aus den Bäumen Holzkohle als Energieträger gemacht haben und als hier noch Granit abgebaut worden ist. Auch die Steinwald-Sphinx, die Besteigungsanlage am Saubadfelsen, das Palmlohmoor und das Rotwildgehege sind Stationen des Rundwegs.

Apropos Geschichte. Die Historische Glasschleif bei Arnoldsreuth ist ein weiterer Ort, an dem man in die Geschichte des Steinwalds eintauchen und auch am Wochenende einkehren kann. Die Gesellschaft Steinwaldia beleuchtet an dieser Info-Stelle des Steinwalds besonders die Glasherstellung in der Region. Im Mittelpunkt steht dabei die Schleif- und Poliertechnik in den vergangenen zweieinhalb Jahrhunderten (1720 bis 1950). Zudem gibt es auch Informationen über die Herstellung von Wetzsteinen. Die östlich gelegene ehemalige Glasschleife wurde nämlich 1786 in einem ödliegenden Wetzsteinbruch erbaut.

Für Wanderer, die hoch hinaus wollen, ist das Waldhaus aber allenfalls eine Zwischenstation. Von dort ist nämlich der Oberpfalzturm auf der Platte gut zu erreichen. Ein Pfad führt vom Biergarten des Gebäudes schnurstracks auf den Gipfel des Steinwalds, die 946 Meter hohe Platte. Wer dann auch noch die 150 Stahlgitterstufen des Turms bezwingt, dem liegen in 30 Meter Höhe nicht nur der Steinwald, sondern auch das Fichtelgebirge, der Oberpfälzer Wald, das Stiftland und das Egerland zu Füßen. Kurzum: Von dort oben hat man einen traumhaften Blick über die sanften Waldbuckel im Nordosten Bayerns. Bei guter Fernsicht sind auch der Arber im Bayerischen Wald und der Fichtelberg im Erzgebirge zu sehen.

Auch die Grenzmühle bei Wäldern ist ein gutes Beispiel für das Selbstbewusstsein, den Einfallsreichtum und die Genügsamkeit der Bewohner. Bio-Bauer Josef Schmidt hat mit der Zucht von Rotem Höhenvieh und dem Anbau von Bio-Mohn im Steinwald eine Nische gefunden, die er sukzessive ausbauen will. „Aus diesem Projekt des Mohnanbaus könnte sich eine neue und große Chance für den Ackerbau in der Gebirgsregion entwickeln, da der Bedarf an Bio-Mohn auf dem Deutschen Markt in keinster Weise befriedigt werden kann“, sagt der Bio-Bauer.

Die ungünstigen klimatischen Bedingungen und die unterdurchschnittliche Bodenqualität waren auch ein Grund dafür, dass die Steinwald-Region zu einer der ersten Öko-Modellregionen Bayerns ernannt worden ist. Das Gebiet ist überwiegend strukturschwach und die Bedeutung der Landwirtschaft überdurchschnittlich hoch. „Eine Verschärfung des Strukturwandels in der Landwirtschaft mit allen Auswirkungen auf die Beschäftigungszahlen und das Landschaftsbild hätte in ländlichen Regionen wie der Steinwald-Allianz gravierende Auswirkungen. Der Öko-Landbau mit seiner Flexibilität und einer naturnahen Bewirtschaftungsform, gepaart mit einer hohen Nachfrage der Verbraucher, kann diesem entgegentreten“, erläutern die Initiatoren.

Erste Erfolge stellen sich bereits ein. Die Bio-Burger „made in Steinwald“ kommen gut an. Auch der Bio-Mohn lässt sich prima absetzen. Weitere Produkte sind in Planung oder bereits auf dem Markt, wie eine Bio-Salami. Der Steinwald wird damit immer mehr auch zum Anbeißen schön. Wohl bekomm’s.

Bei Wanderungen können einem immer wieder mal die Mufflons (Wildschafe) begegnen.

Oben: Jedes Jahr im Frühjahr und im Herbst findet die Amphibienwanderung statt. Frösche, Kröten und Molche wandern dann zu ihren Laichplätzen. Dabei muss schon mal das größere, kräftigere Weibchen ihren schmächtigen Gemahl huckepack nehmen. Da oft Straßen den Amphibien den Weg abschneiden, werden vom Verein KusS (Kultur-Landschaft südlicher Steinwald) im Frühjahr Froschleitzäune aufgestellt und die Frösche über die Straße getragen.

Links unten: Neben Kröten und Fröschen ist der Bergmolch mit dem Teichmolch mit am häufigsten vertreten.

Rechts unten: Nach erfolgreicher Überquerung der Straße tummeln sich die Frösche (hier die Grasfrösche) in den Weihern und Tümpeln.

Linke Seite:

Mit etwas Fantasie sieht man hier „Rudolph, the Red-Nosed Reindeer" nach dem gleichnamigen Weihnachtslied.

Rechte Seite:

Totholz ist nicht tot, sondern bietet Lebensraum für unzählige Pflanzen- und Tierarten und ist unersetzlich für einen gesunden, natürlichen Wald.

Linke Seite:

Wunderschöne Feldwege, wie man sie noch aus der Kindheit kennt, laden zum Wandern ein. Vorbei an rauschenden Waldbächen und Felsen kann man den Steinwald erkunden.

Rechte Seite:

Links oben: Frisches Grün des Laub-Mischwaldes im Bereich der Köhlerlohe

Links unten: Artenreiche, extensiv bewirtschaftete Blumenwiesen am Teichelberg

Rechts: Bei der Glasschleif/Arnoldsreuth stürzt der „größte" Wasserfall des Steinwaldes in die Tiefe.

Um landwirtschaftlich nutzbare Flächen zu gewinnen, wurden früher viele, als wertlos angesehene Moore im Steinwald trockengelegt. Aus Biodiversitätsgründen und der großen Bedeutung für den Klimaschutz wurden in den letzten Jahren wieder viele Moore renaturiert und wiederbewässert; hier das Moorgebiet Fuchslohe.

Ein beliebtes Wanderziel ist die historische Glasschleif bei Arnoldsreuth. Neben einer freundlichen und preiswerten Bewirtung kann man die alten Glasschleifmethoden mit Wasserradantrieb und die Ausgrabungsfundstücke, die bei der Sanierung der Ruine Weißenstein gefunden wurden, bewundern.

Linke Seite:

Die Gesellschaft „Steinwaldia Pullenreuth e. V." begann 1997 unter der Leitung von Norbert Reger die vom Verfall bedrohte Burgruine Weißenstein zu sanieren. Heute ist sie das Wahrzeichen des Naturparks Steinwald und eine grandiose Kulisse für hochkarätige kulturelle Veranstaltungen.

Rechte Seite:

Luftaufnahme des Weißenstein-Ruinen-Komplexes mittels einer Drohne

Friedenfelser
Friedenfelser
Tucher

Linke Seite:

Links oben: Am Südhang des Steinwaldes an der romantischen Fichtelnaab liegt die Lokalität „Reiserbesen" mit einem zauberhaften Biergarten.

Rechts oben: Herrliche Kastanienbäume spenden Schatten im kleinen, aber gemütlichen Biergarten „Goldener Engel" in Friedenfels.

Links unten: Gemütliche Rast nach der Radltour im Biergarten „Zainhammer"

Rechts unten: Kein Geheimtip mehr ist die Waldschänke „Zainhammer" am Hainbach.

Rechte Seite:

Ein beliebtes Wanderziel ist das Waldhaus, das sich von allen Seiten des Steinwaldes erreichen lässt. Hier befindet sich eine ausführliche Infostelle mit Ausstellung zum Naturpark Steinwald.

Linke Seite:

Links oben: Ringelnatter im Häutungsstadium (trübe, blaue Augen)

Rechts oben: Während der Paarungszeit sind die wärmeliebenden Männchen der Zauneidechse herrlich hellgrün gefärbt.

Unten: Ein typischer Bewohner der Hochmoore ist die Kreuzotter.

Rechte Seite:

Oben: Breitblättriges Knabenkraut

Links unten: Schlangenknöterich

Rechts unten: Sumpfblutauge

Links:

Hochmoor im Hopfenwinkel. Hochmoore sind saure, nasse und mineralarme Lebensräume, deren Wasser- und Mineralhaushalt ausschließlich durch Niederschläge gesteuert wird.

Rechts oben: Blutrote Heidelibelle

Rechts unten: Brombeerzipfelfalter

Linke Seite:

Links oben: Rundblättriger Sonnentau

Rechts oben: Waldeidechse

Unten: Paarung bei Kreuzottern

Rechte Seite:

Die Höllenotter ist eine schwarze Kreuzotter infolge stärkerer Pigmentierung.

Linke Seite:

Oben: Die oft noch schneebedeckte Schneeheide ist eine der ersten Nahrungspflanzen für die Insekten nach der Winterruhe.

Links unten: Verschiedene Flechten sind die ersten Pioniere auf dem unwirtlichen Fels.

Rechts unten: Buchsblättrige Kreuzblume auf dem Serpentinfels

Rechte Seite:

Der Serpentinit-Hornfelsrücken des Föhrenbühls wurde wegen des Vorkommens seltener Pflanzen und Tiere zum Naturschutzgebiet erklärt. Außerdem erhielt er den Status eines Geotops. Der Föhrenbühl ist in der Nähe von Erbendorf bei Grötschenreuth zu finden.

Die Weihergebiete des Naturparks bieten vielen Pflanzen und Tieren Lebensraum.

Links: Laubfrosch

Rechts oben: Teichfrosch

Rechts unten: Eine Rarität im Steinwald ist der Feuersalamander.

Links oben: Der Mink (Amerikanischer Nerz) ist bei den Fischwirten nicht gerade beliebt.

Links unten: Die Frühe Adonislibelle bei der Eiablage

Rechts: Erdkröte

Linke Seite:

Oben: Gebänderte Prachtlibelle

Links unten: Nachwuchs bei den Höckerschwänen

Rechts unten: Sumpfiris

Rechte Seite:

Links oben: Der Biber bei der Körperpflege

Links unten: Silberreiher

Rechts oben: Getragen von der Thermik schwebt der Mäusebussard über dem Wiesauer Weihergebiet.

Rechts unten: Zur Hochzeit wird der Moorfrosch blau.

Kleine und Grosse Wunder am Wegesrand

Nadelholz-Säbelschrecke

Nein, man muss sich im Steinwald nirgends anstellen, um endlich hineingelassen zu werden. Und nein, man muss keine Eintrittsgelder zahlen, um die Schönheiten dieses Naturparks zu genießen. Sehenswürdigkeiten wie die Burgruinen Waldeck und Weißenstein und der Oberpfalzturm können kostenlos bestiegen werden. Und ja, man ist oft allein unterwegs und kann das, was die Natur und die Schöpfung geschaffen haben, in vollen Zügen genießen. Vorausgesetzt, man ist nicht gerade an dem Wochenende im September unterwegs, an dem das Waldhausfest gefeiert wird. Denn dann ist nix mit Ruhe und Einsamkeit. Dann schmettert eine Blaskapelle beim Waldhaus ihre Drei- und Vier-Viertel-Takter in die umliegenden Waldgebiete, und das Rotwild am Gehege wird zum hundertfachen Fotomotiv.

Der Luchs wird an diesem Tag sicher das Gebiet rund um das Waldhaus meiden. Aber ansonsten ist er hier regelmäßig unterwegs. Ja, es gibt ihn hier wieder, den Vertreter der Gattung Pinselohr. Vor 150 Jahren etwa wurde der Luchs in Bayern ausgerottet, wohl weil man in ihm einen Konkurrenten um das Wildbret sah. Durch Zuwanderung aus den tschechischen Grenzgebirgen und durch Auswilderungen in den 1970er- und 1980er Jahren kommen Luchse wieder im bayerisch-böhmisch-österreichischen Grenzraum vor. Lange hatte man im Steinwald auf eine „natürliche“ Rückkehr des Luchses gewartet. Dann half man dem Zufall ein bisschen auf die Sprünge. 2016 und 2018 entließ man zwei verwaiste Luchse aus dem Bayerischen Wald hier in die Freiheit. Zuerst eine Katze, welche die Verantwortlichen „Fee“ tauften, dann einen Kuder, den sie „Hotzenplotz“ nannten. Beide Luchse wurden heimisch und dann passierte das, worauf man so lange vergeblich gehofft hatte und was man nun auf gar keinen Fall mehr wollte. Die aufgestellten Fotofallen zeigten plötzlich einen dritten Luchs, der deutlich größer als „Hotzenplotz“ war. Er wurde „Ivan“ getauft. Und wie bei den Menschen sind auch bei den Luchsen drei manchmal einer zu viel. Wenig später wurde „Hotzenplotz“ völlig abgemagert tot im Steinwald aufgefunden. Er wurde wohl Opfer von Revierkämpfen. Ach ja, eines sollte dabei nicht unerwähnt bleiben: Es gab noch einen vierten Luchs in dieser Geschichte, den die Verantwortlichen „Gustav“ nannten. „Gustav“ wurde von Unbekannten 2016 ausgesetzt. Da es sich um einen halbzahmen Kuder handelte, der die Nähe des Menschen suchte, fing man ihn wieder ein, um das Projekt nicht zu gefährden.

Luchse sind Einzelgänger, die nur zur Paarung die Zweisamkeit suchen. Ein Männchen beansprucht dabei ein Revier von 150 bis 400 Quadratkilometern, Weibchen kommen bereits mit 50 bis 200 Quadratkilometern aus. Der Naturpark Steinwald mit rund 240 Quadratkilometern Größe ist damit gerade mal groß genug für ein Weibchen und einen Teil eines Männchen-Reviers. Die Hoffnung, dass das Luchspärchen aus dem Steinwald irgenwann die Lücke zur Population im Bayerischen Wald schließen könnte, ist also gar nicht so abwegig. Schließlich ist der Naturpark Steinwald Teil des „Grünen Dachs Europas“, einer zusammenhängenden großen Waldkette, die vom Frankenwald bis zum Bayerischen Wald reicht.

Die Wiederansiedelung des Luchses ist das spektakulärste, aber beileibe nicht das einzige Projekt im Naturpark, das den Artenreichtum wieder vergrößern soll. Ein anderes Projekt, das immer wieder für Schlagzeilen sorgt, ist die Wiederansiedlung des Habichtskauzes im Steinwald, die sich der Verein für Landschaftspflege, Artenschutz und Biodiversität (VLAB) auf die Fahnen geschrieben hat. Das Projekt begann 2017 mit der Auswilderung von sechs Jungtieren im Naturpark Steinwald. Seitdem werden Sommer für Sommer junge Käuze aus Privatzüchtungen und Zoos in die Freiheit entlassen.

Der Habichtskauz war bis ins 19. Jahrhundert im Bayerischen, Böhmer- und Oberpfälzer Wald verbreitet. Nach den vorhandenen Aufzeichnungen wurde der letzte Habichtskauz in Mitteleuropa um

1926 bei Sušice im Böhmerwald abgeschossen. Auch im Bayerischen Wald gibt es mittlerweile wieder eine Population. Ebenso wie beim Luchs soll auch hier der Steinwald zu einer wichtigen Startrampe für die Rückkehr werden. Der Habichtskauz ist mit einer Größe von rund 60 Zentimetern und einer Flügelspannweite von bis zu 125 Zentimetern der größte Kauz Mitteleuropas. Im Steinwald findet er gute Lebensbedingungen. Der Nachtgreifvogel bevorzugt Mischwälder mit Buchen, braucht Waldwiesen, Sturmwurfschneisen und andere freie Flächen für die Jagd. Baumhöhlen in mehreren Metern Höhe, in denen der Habichtskauz mit Vorliebe brütet, sind aber auch hier selten geworden. Als Ersatz wurden beim Wiederansiedelungsprojekt deshalb große Brutkästen an geeigneten Standorten angebracht.

Eine weitere Art, die im Fokus der Naturschützer steht, ist die Kreuzotter. Im Steinwald gibt es noch einen wichtigen Bestand der selten gewordenen Giftschlange. Der Naturpark will helfen, ihn zu stabilisieren und die Tiere vor dem Aussterben zu bewahren. Durch gezielte Umgestaltungen von Waldrändern und Lichtungen und die Renaturierung von alten Mooren werden seit einiger Zeit alte Lebensräume für die Tiere neu geschaffen.

In den klaren Bächen des Steinwalds gibt es auch noch Vorkommen der Flussperlmuschel. Die Süßwassermuschel reagiert auf Veränderungen ihres Lebensraums äußerst sensibel. Erschwerend kommt noch hinzu, dass die kleinen Muscheln Bachforellen benötigen, in deren Kiemen sie sich einnisten. Zur Versandung, Verschmutzung und den Giften, die im Gewässer landen, kommen noch neue natürliche Feinde, wie Bisamratte und Waschbär, die mittlerweile auch im Steinwald vorkommen. Eine weitere Naturpark-Info-Stelle in der Grenzmühle soll helfen, dass die Muscheln den Überlebenskampf im Steinwald gewinnen. Das Informationszentrum soll die besonderen Anforderungen der Muscheln an den Lebensraum und ihre Besonderheiten beleuchten.

Weit weniger spektakulär, aber nicht minder wertvoll ist ein Projekt, das der Verein Kulturlandschaft südlicher Steinwald gestartet hat. Der Verein hat Tausende von Fenchelpflanzen kostenlos abgegeben, um die Lebensbedingungen des Schwalbenschwanzes zu verbessern. Der große Schmetterling legt seine Eier nämlich mit Vorliebe an Fenchel ab. Eine weitere Besonderheit der Art ist es, dass sie alljährlich zur Paarung bestimmte Hügelkuppen aufsucht. Ein Schauplatz dieser Bergpaarung ist der Waldecker Schlossberg. Der Berg ist übrigens nicht nur wegen der Schmetterlingspaarung und der Burgruine sowie der gigantischen Aussicht einen Besuch wert. Dort gibt es auch den Ersten Essbaren Wildpflanzenpark Bayerns (EWILPA). Auf einer Länge von etwa fünf Kilometern können 13 verschiedene Wildpflanzen-Lebensräume erkundet werden, angefangen vom trockenen, felsigen Südhang unterhalb der Burg über Waldvegetationen, Feldhecken und Streuobstwiesen bis zu einer Ackerbrache mit Feuchtwiese. Vom Gänseblümchen über den Holunder bis hin zu Löwenzahn und Giersch gibt es eine Menge zu entdecken.

Die Liste ließe sich noch weiter fortsetzen. Auch der Feuersalamander ist so eine Art, deren Lebensbedingungen der Naturpark wieder verbessern will. Oder die vielen Fledermausarten, die hier noch vorkommen. Oder das Rotwild, das im Steinwald lebt. Oder der possierliche Gartenschläfer, dessen Bestände nun erfasst werden. Kurzum, der kleine Naturpark hat schon Großes geleistet und noch Größeres vor.

Es lohnt sich also immer, in der Natur die Augen offen zu halten. Besonders im Steinwald. Denn wer mit offenen Augen durch den Naturpark spaziert, wird viele kleine und große Wunder der Natur sehen. Es muss ja nicht gleich der Luchs oder eine Wildkatze sein. Seltene Flechten, Pilze, Pflanzen, Käfer, Libellen kreuzen bei jeder Exkursion im Steinwald am Wegesrand auf.

Der sagenumwobene „Teufelstein“ bei Napfberg. Durch Kriechbewegungen während der Eiszeitperiode Pleistozän wurde der granitene Wanderblock an den heutigen Standort verfrachtet.

Ein beliebter Ort für Angler ist der Frauenreuther Weiher bei Friedenfels.
Im Hintergrund macht sich der Steinwaldkamm breit.

Links oben: Auf dem Biobauernhof der Grenzmühle wird das Rotvieh, eine alte Rinderrasse, wieder gezüchtet.

Links unten: Alte Lesesteinmauer

Rechts: Ein seltenes Gewächs im Steinwald, die Mondraute

Oben: Auf den extensiv bewirtschafteten Weiden der Grenzmühle entwickelt sich eine artenreiche Blüten- und Insektenvielfalt.

Unten: Blick auf die Grenzmühle

Linke Seite:

Links: Langeweile ist ein Fremdwort für den Angler.

Rechts oben: Am Ende bleibt nicht mehr viel übrig.

Rechts unten: Das gewaltige Leiterfelsen-Massiv

Rechte Seite:

„Augsburger Felsen" bei Fuchsmühl

Linke Seite:

2017 begann man im Steinwald mit der Wiedereingliederung des seltenen Habichtskauzes durch den Verein VLAB (Verein für Landschaftspflege, Artenschutz und Biodiversität) unter der Federführung von Johannes Bradtka.

Rechte Seite:

Links oben: Die Schmalbauchwespe (Gasteruption spec.) legt ihre Eier in die Bauten von solitären Wildbienen.

Rechts oben: Der Graureiher steht oft stundenlang bewegungslos auf einem Baumstamm.

Links unten: Goldlaufkäfer

Rechts unten: Prächtige Blattkäfer

Linke Seite: Rund um scheinbar unwirtliche Felsen herrscht oft reges Leben.

Links oben: Die „Rote Mordwanze" sitzt oft auf Blüten und lauert auf ein Opfer, meist Insekten, die auch größer sind als sie selbst.

Rechts oben: Die Binsenschmuckzikade, die nur wenige Millimeter groß ist, sieht man häufig bei Wiesenspaziergängen vor den Beinen umherspringen.

Links unten: Schon seit mindestens 200 Millionen Jahren existiert die archaisch anmutende Kamelhalsfliege. Durch ihren langen Hals ist sie leicht erkennbar.

Rechts unten: Eine nicht allzu häufige Spinne im Naturpark ist die herrlich gefärbte Erdbeerspinne.

Rechts: Die Steinskulptur „Erdenkrone" beim Weißenstein ist das Werk des Oberpfälzer Künstlers Christian Sedell.

Jedes Jahr im Frühling sind die Bio-Mohnfelder im Naturpark Magnete für Fotografen.

Linke Seite:

Oben: Blick vom Schlossfelsen Richtung Oberfranken

Unten: Auf dem Plateau des Plößberges

Rechte Seite: Die Riesenschüssel

Stillgelegter und gefluteter Steinbruch bei Thumsenreuth. Er ist in Privatbesitz und Betreten ist verboten!

Linke Seite: Am westlichen Rand des Naturparks liegt der Waldecker Schlossberg; rechts im Hintergrund der Rauhe Kulm.

Rechte Seite:

Links oben: Blick vom Schlossberg ins Kemnather Land

Links unten: Schützenswerte Pflanzen- und Tierwelt im Naturpark Steinwald. Abgebildet ist der Kleine Perlmutterfalter.

Rechts: Die Ägidius-Kapelle

Auch Fischers Fritz wirft seine Netze aus

Vielleicht ist der Herbst die Jahreszeit, in der der Steinwald sein schönstes Gewand trägt. Wenn die tiefer stehende Sonne in das wunderschön gefärbe Laub der Buchen einfällt, die Kappen der Pilze, hier einfach Schwammerln genannt, aus dem Boden schießen, dann geht dem Wanderer und Naturfreund so richtig das Herz auf. Man kann sich oft nicht satt sehen am Einfallsreichtum, Formen- und Farbenreichtum, den der Steinwald alljährlich vor der großen Winterstarre entwickelt. Irgendwie hat man den Eindruck, dass der Naturpark nun noch einmal seine ganze Pracht zeigen will, um dann einige Monate eine Ruhepause einzulegen.

Der Herbst ist die Zeit, in der auch „Fischers Fritz“ seine Ernte einfährt. Was oft übersehen wird: Der Steinwald ist nicht nur Wald und Steine, sondern auch viel Wasser. Im Falle des Gebiets rund um Wiesau sogar sehr viel Wasser. Zehn Prozent der Gemeindefläche nimmt das nasse Element dort ein. Die Karpfen, die alljährlich darin heranwachsen, wecken Begehrlichkeiten. Auch in der Tierwelt. Neben dem Biber, der bereits seit vielen Jahren in die Region zurückgekehrt ist, gibt es mittlerweile gesicherte Brutstätten von Fisch- und Seeadlern. Auch der Fischotter hat die alten Reviere in der Region zurückerobert.

Und natürlich gibt es auch zweibeinige Fischliebhaber, die es gar nicht erwarten können, dass die Teiche abgefischt werden und der „K3“, also der dreijährige Karpfen, auf den Teller kommt. In Kornthan, dem bekanntesten Fischbauerndorf des Steinwalds, wurde das Abfischen lange regelrecht zelebriert. Immer am zweiten Wochenende im Oktober fand dort die Karpfenkirwa mit einem abwechslungsreichen Programm für Jung und Alt rund um den Brotfisch der Oberpfalz statt. Die Karpfensaison ist übrigens die längste Jahreszeit im Naturpark. Sie dauert nämlich ganze acht Monate. Und der Beginn und das Ende dieser Jahreszeit sind viel verlässlicher als die der anderen Jahreszeiten. Karpfensaison ist immer dann, wenn ein „R“ im Monatsnamen vorkommt. Die Saison beginnt also im September und endet im April.

Die Karpfenzucht ist ein Relikt aus der Zeit, als das Kloster Waldsassen große Besitzungen und großen Einfluss in der Region hatte. Die Mönche förderten die Teichwirtschaft nach Kräften und waren maßgeblich dafür verantwortlich, dass das Stiftland zum „Land der 1000 Teiche“ wurde. Bei der Karpfenzucht selbst hat sich in all den Jahrhunderten nicht viel verändert. Heute wie damals dauert es drei Jahre, bis der Fisch groß genug ist, damit er serviert werden kann. Entschleunigung braucht es keine, weil es in diesem Bereich nie eine Beschleunigung gab. Es ist beruhigend zu wissen: Es gibt doch noch Werte und Arbeitsabläufe, die einfach so die Jahrhunderte überdauern und Bestand haben. Es ist noch keinem gelungen, den Turbokarpfen zu züchten. Und in einer Zeit, in der bei den Öko-Modellregionen Steinwald und Stiftland „Bio“ Programm ist, dürfte sich daran wohl auch so schnell nichts ändern.

Es lässt sich übrigens trefflich darüber streiten, wie der Karpfen aus dem Steinwald am besten schmeckt: blau oder überbacken oder …? Die Antwort darauf sollte jeder selbst bei einem Besuch im Steinwald herausfinden.

Der Herbst ist auch die Zeit, in der die Fledermäuse nach Winterquartieren suchen. Hier hat der Naturpark noch eine Menge Arbeit vor sich, um ein Artenschutzprojekt für die geschickten Echoortungs-Jäger mit Leben zu erfüllen. Denn die Felsspalten und Keller, in denen die Säuger überwintern können, werden immer weniger. Während den Fledermäusen im Sommer oft schon kleine Spalten hinter Baumrinden genügen, wird die Suche nach einer Bleibe für den Winter für die Jäger der Nacht immer schwieriger. 1995 wurden bereits potenzielle Winterquartiere kartiert. Nun will man dazu übergehen, die Quartiere, zumeist alte Felsenkeller, Zug um Zug herzurichten und zu sichern, damit dort die Fledermäuse den Winter verschlafen können.

Die intakte Natur und die vielen seltenen Tierarten, die im Steinwald noch oder wieder vorkommen, sind also auch eine Verpflichtung für den Naturpark und den Freistaat, noch mehr zu tun. Ein Schritt in diese Richtung ist auch die Einstellung von zwei Naturpark-Rangern, die seit 2019 ihren Beitrag zum Schutz der Natur und zur Aufklärung der Bürger leisten sollen. Die beiden Stellen werden über die „Naturoffensive Bayern“ des Freistaats gefördert und sollen helfen, das Kapital „Naturpark“ in Bayern zu bewahren und dauerhaft zu sichern. Die Ranger sollen Netzwerker sein, die dafür sorgen, dass private Waldeigentümer, Staatsforsten, Untere Naturschutzbehörde, Tourismus-Verband sowie Städte und Gemeinden der Steinwald-Allianz bei ihren Aktionen und Aktivitäten auch immer den Naturpark und seine Belange im Blick haben. Ein weiterer Schwerpunkt soll die Bildungsarbeit sein. Schon die Kleinsten sollen in Kindergärten und Schulen für die Belange der Tiere und Pflanzen sensibilisiert werden, getreu dem Motto „Was man kennt, das schützt man“.

Denn ganz so intakt, wie es den Anschein hat, ist die Idylle bisweilen doch nicht. Der Steinwald leidet, wie fast alle bayerischen Waldgebiete, massiv unter dem Klimawandel. Auch im Naturpark mit seinen vielen Quellen und klaren Bächen sind die Veränderungen deutlich zu spüren. Schon werden Erinnerungen an das große Waldsterben in den 1980er Jahren wach, das im Steinwald seine Spuren hinterließ und dem Naturpark negative Schlagzeilen beschert hat.

An den verantwortlichen Stellen wird bereits intensiv über den Steinwald von morgen nachgedacht und an einem behutsamen Umbau des Waldes gearbeitet. Die Steine werden weiter das Bild prägen, aber wie wird der Wald künftig aussehen? Flachwurzler wie die Fichte kommen mit dem Klimawandel zunehmend schlechter zurecht. Die tiefer wurzelnde Tanne ist da klar im Vorteil, weil sie Wasser aus der Tiefe ziehen kann. Zudem laufen die Bemühungen, den Laubanteil zu erhöhen, weiter. Auch neue Baumarten wie Esskastanie, Douglasie, Traubeneiche und Schwarzkiefer, werden gepflanzt, um ihre Alltagstauglichkeit zu erproben.

Schwer zu sagen, was diese Experimente bringen. Bei der Waldwirtschaft wird nicht in Jahren oder Jahrzehnten, sondern in Generationen gedacht. Die Auswirkungen des Waldumbaus von heute werden wohl erst unsere Enkel oder Urenkel bewerten können. Fachleute sind sich aber einig, dass eine andere Zusammensetzung der Wälder auch Auswirkungen auf die Tiere und Pflanzen, die dort vorkommen, haben wird. Es bleibt also spannend, wie sich der älteste Naturpark der Oberpfalz weiterentwickelt, zumal mittlerweile auch wieder Pläne für eine Erweiterung des Schutzgebiets in der Schublade liegen. Im Gespräch ist vor allem, den im Landkreis Tirschenreuth gelegenen östlichen Teil des Hessenreuther Waldes in den Naturpark aufzunehmen. Der westliche Teil dieses großen Waldgebiets ist bereits Bestandteil des Naturparks Nördlicher Oberpfälzer Wald.

Derzeit endet der Naturpark Steinwald im Westen bei der vorgelagerten Basaltkuppenlandschaft um Waldeck mit Waldecker Schlossberg, Anzenstein und Armesberg. Die alte von Nürnberg kommende Handelsstraße über Kemnath, Neusorg, Waldershof durch die Eger-Röslau-Senke trennt nach Nordwesten den Steinwald vom Fichtelgebirge. Im Norden reicht der Naturpark knapp bis Marktredwitz/Waldershof und zieht im Osten um das Basaltgebiet des Teichelberges herum entlang der Bahnlinie bis Wiesau. Er umfasst im Südosten das ausgedehnte Weihergebiet um Muckenthal und Schönhaid. Die Südgrenze des Naturparks verläuft mit der B 299 von der Autobahn beim Naturschutzgebiet Waldnaabtal bis Erbendorf mit dem Naturschutzgebiet Föhrenbühl und endet im Südwesten am Hessenreuther Wald bei Atzmannsberg.

Linke Seite:

Oben: Der Grenzbach

Mitte: Entlang der Bäche zwischen Farn und Fels findet man auch seltene Pflanzen, wie die Einblütige Moosblume.

Unten: Im zeitigen Frühjahr schiebt sich der Schuppenwurz durch das Buchenlaub. Da er kein Chlorophyll enthält, muss er an den Wurzeln anderer Pflanzen schmarotzen, um die lebenswichtigen Nährstoffe zu bekommen.

Rechte Seite: Zwischen moosbewachsenen Granitblöcken sucht sich der Strudelbach seinen Weg nach unten.

Linke Seite: Leben in der Finsternis. Pilze und „Schleimpilze" spielen im Abbauprozess des Totholzes eine überragende Rolle.

Links oben: Trichia decipiens, links Mitte: vermutlich Badhamia utricularis, links unten: Gelbe Lohblüte (Fuligo septica), rechts oben: Stemonitis fusca, Mitte: Bischofsmütze, Mitte rechts: Violetter Knorpelschichtpilz

Rechte Seite: Oranger Seitling

Linke Seite: Die 350-jährige Buche bei Friedenfels im Herbstkleid

Rechte Seite:

Oben: Ein einzigartiges Naturschauspiel, wenn sich im Frühsommer die Blüten der Türkenbund-Lilie öffnen.

Unten links: Eine unscheinbare Pflanze am Waldboden ist die vierblättrige Einbeere (hier im Blütenstadium).

Unten rechts: Der Wiesenwachtelweizen ist ein einjähriger Schmarotzer, der mit Saugorganen an den Wurzeln anderer Pflanzen schmarotzt.

Linke Seite: Viele Dorfweiher sind aus den Gesichtern der Dörfer verschwunden. Ein besonders schönes Beispiel lässt sich noch in Voitenthan bei Friedenfels bewundern.

Rechte Seite:

Links oben: Unzählige Felsen im Steinwald sind namenlos. Dieser charakteristische Granitblock erinnert an die Nase von Mike Krüger.

Links unten: Das Totholz umgefallener Baumriesen ist die Grundlage für neues Leben.

Rechts oben: Gespenster, Geister und andere Fabelwesen begleiten den Besucher beim Durchwandern des „Geisterwaldes“ am Wanderparkplatz bei Harlachberg/Pullenreuth.

Rechts unten: Ein filigranes Kunstwerk ist die Blüte des „Zweiblättrigen Schattenblümchens“.

Zum Geisterwald

Links oben: 2016 wurde die Luchsdame „Fee“ in den Steinwald wieder eingegliedert.

Rechts oben: Der Feldhase, auch „Meister Lampe“ genannt, ist das wohl bekannteste Wildtier der Offenlandschaft.

Unten: Die Rotwildfamilie im Wildgehege beim Waldhaus hat einen neuen Platzhirsch mit dem Namen Moritz.

Links: Totholz begleitet uns überall auf den Wanderwegen.

Rechts oben: Die Fraßgänge der Borkenkäferlarven. Unter den Borkenkäfern sind der Buchdrucker und der Kupferstecher die gefährlichsten und können in Fichtenholzbeständen großen Schaden anrichten.

Rechts unten: Die Larve der Kamelhalsfliege

Am schönsten sind Wanderungen in den frühen Morgenstunden, wenn sich der Nebel langsam auflöst.

Links oben: Das Steinwaldportal beim Wanderparkplatz Pfaben ist Ausgangspunkt für zahlreiche Wanderungen.

Links unten: Bei Fuchsmühl auf dem Weg zum Hackelstein liegt der Waldlehrpfad, der besonders für Kinder interessante Aktivitäten anbietet.

Rechts oben: Auf dem Waldlehrpfad bei Pfaben finden sich Hinweise über Bäume, Granitabbau und Waldwirtschaft.

Rechts unten: Hier wird im Waldlehrpfad Fuchsmühl Kindern und Erwachsenen der Zusammenhang zwischen Erdboden und den darin enthaltenen Lebewesen vom Naturparkranger erklärt.

Linke Seite:

Das Totholz ist Lebensraum, Nahrungsquelle und Brutstätte für eine große Anzahl von Tieren, Pflanzen, Pilzen und Schleimpilzen. Durch den Zersetzungsprozess entsteht wieder Humus.

Rechte Seite:

Pilze sind für die Zersetzung des Totholzes unersetzlich.

Links oben: Rotschneidiger Helmling, links Mitte: Ästiger Stachelbart, links unten: Lamellenpilz, rechts oben: Spaltblättling, Mitte: Wilder Hausschwamm, Mitte rechts: Zunderpilz

Links: Rechtzeitig zum Karpfenfest erfolgt hier in Kornthan das Abfischen der Weiher.

Rechts: Herrlicher Steinwaldkarpfen

Linke Seite:

Viele, zum Teil seltene Vögel finden in der Weiherlandschaft des Naturparks eine Heimat.

Links oben: Kleiber, links Mitte: Neuntöter, links unten: Einer von den schlecht unterscheidbaren Rohrsängern, rechts oben: Seeadler, Mitte: Schwarzstorch, Mitte ganz rechts: Fischadler

Rechte Seite: Tüpfelfarn

Die vielfältigen Angebote im Steinwald reichen von kulturellen Darbietungen über entspannende Wanderungen zu geologischen „Hot Spots", bis hin zu extremsportlichen Aktivitäten beim Sportklettern.

Links: Kultur im Steinwald. Im Innenhof der Ruine Weißenstein steht die reizvolle, überlebensgroße Bronzestatue „Mutter Erde".

Rechts oben: In der Nähe des Zipfeltannen-Nebenmassivs stehen interessante geologische Schautafeln mit Hinweisen zur Entstehung des Steinwaldes.

Rechts unten: Extremklettern am Vogelfelsen – eine sportliche Höchstleistung.

Rechte Seite: Am Oberpfalzturm fällt schon der erste Schnee.

Der Steinwald – ein Geo-Thriller

Burgruine Weißenstein im Schneegewand

Eigentlich gibt es vier verschiedene Naturparks Steinwald: einen Frühlings-, einen Sommer-, einen Herbst- und einen Winter-Steinwald. Denn je nach Jahreszeit zeigt das Gebiet ein ganz anderes Gesicht, mal voller Lebenslust und fröhlich verspielt, mal unwirtlich, ja direkt lebensfeindlich, mal mystisch geheimnisvoll und dann wieder ungemein farbenprächtig und reizüberflutend.

Selbst für die Bewohner ist es immer wieder aufs Neue ein Erlebnis, wenn nach den entbehrungsreichen, langen Wintermonaten das erste junge Grün unter der tristen weißen Schneedecke hervorbricht. Zuerst vereinzelt, ganz zart, dann in vielen verschiedenen Nuancen, und urplötzlich überall, mit gewaltiger Kraft alles überziehend, alles überwuchernd. Und dann erst die Sommer, wenn Millionen bunte Farbtupfer den Naturpark übersäen und die Mohnfelder in voller Blüte stehen. Tausende von roten Blütenblättern, die dem Steinwald ein königliches Gepräge geben. Und dann ist da natürlich auch noch der Herbst mit seinen faszinierenden Gelb- und Rottönen, seinem überwältigenden Farbenspiel und den Nebelschleiern, die sich über den Naturpark legen, die aufs Gemüt drücken, durch die Täler wabern und die schroffen Felslandschaften spielerisch leicht im Nu in mystische bizarre Fantasiegebilde verwandeln. Wahrscheinlich war der Herbst die Jahreszeit, in der Namen wie Zipfeltanne, Räuberfelsen, Teufelsstein und Hackelstein entstanden sind, in der die Grundlagen für Sagen wie über das „gehängte Mädchen", das durch den Steinwald schleichen soll, oder den Teufelsstein, mit dem Luzifer die neue Fuchsmühler Kirche zerstören wollte, zu suchen sind. Nicht zu vergessen natürlich die Winter, die den Steinwald meist unter eine warme, dicke Schneedecke packen, unter der die Vegetation Kraft sammelt für die nächste Farbensymphonie. Wie in Watte, damit nichts zerbricht. Eigentlich ist das Gegenteil der Fall. Frost und Eis setzen ihr Zerstörungswerk fort, das selbst die größten Felsburgen langsam in die Knie zwingt.

Für die Tiere oberhalb dieser Schneedecke ist der Winter besonders kritisch. Denn jetzt beginnt wieder der Kampf um Leben und Tod. Die Nahrung wird knapp. Jede Störung bedeutet Flucht, kostet Kraft, erhöht das Risiko, den unwirtlichen Winter hier oben nicht zu überleben, bis dann das zarte Grün wieder hervorbricht und das Spiel der Jahreszeiten von Neuem beginnt.

Irgendwie ist es da nachvollziehbar, dass die Besitzer der Burg Weißenstein, auf die der Name des Naturparks zurückgeht, bereits frühzeitig entschieden haben, die Burg nicht mehr ständig zu bewohnen. Die Vertreter des Geschlechts derer von Nothafft zogen es vor, am Rande des heutigen Naturparks in Friedenfels und Poppenreuth zu residieren. Schlossverwalter und Torwächter mussten dort oben im „Wald der Weißensteiner" noch einige Zeit die Stellung halten. Doch dies dauerte auch nicht allzu lange. Historiker gehen davon aus, dass die Burg Weißenstein nach 1560 endgültig aufgegeben worden ist. Die mühevoll errichteten Bauten verfielen. Die trutzigen Mauern versanken immer mehr im Schutt. Der Gesellschaft Steinwaldia ist es zu verdanken, dass die Burg Weißenstein im Steinwald (nicht zu verwechseln mit Weißenstein im Bayerischen Wald) wieder so einen trutzigen Eindruck macht.

Im Jahr 1995 war von der Burgruine, die heute der Familie von Gemmingen-Hornberg gehört, nur mehr wenig zu sehen. Die Chronik berichtet von einem auf einer hohen Felsenklippe errichteten Bergfried und zwei einsturzgefährdeten, etwa vier Meter hohen Mauerresten. Die Pullenreuther Gesellschaft Steinwaldia machte den Erhalt der Burgruine zu ihrer Aufgabe und stoppte den weiteren Verfall. Ja mehr noch, überwucherte Mauerreste wurden wieder freigelegt und der Bergfried zur viel besuchten Aussichtsplattform gemacht.

Vier Jahre lang, von 1996 bis 2000, dauerten die Arbeiten, die viel Geld verschlangen und mit viel Herzblut vorangetrieben wurden. Die Arbeit hat sich gelohnt.

Die Burgruine Weißenstein gehört zu den Pflichtterminen bei einem Steinwaldbesuch (am besten ist sie vom Wanderparkplatz in der Nähe des Marktredwitzer Hauses zu erreichen).

Noch so ein Glücksfall: Das, was die Steinwaldia für den Weißenstein war, ist der Heimat- und Kulturverein Waldeck für die Waldecker Burgruine. Die im Jahre 1124 erstmals urkundlich genannte Burg gehört zu den ältesten der Oberpfalz. Im 15. Jahrhundert baute man sie zur Festung aus. Bis 1698 war dort der Sitz des Landrichteramtes Waldeck-Kemnath. Im Spanischen Erbfolgekrieg wurde die Burg 1703 eingenommen und zerstört, später aber teilweise wieder aufgebaut. 1794 vernichtete ein verheerendes Feuer Burg und Ort endgültig.

Bis der Heimat- und Kulturverein Waldeck damit begann, die Ruine wieder auszugraben, zu sanieren und teilweise sogar neu aufzumauern. Von oben hat man einen herrlichen Ausblick ins Kemnather Land, der schon allein wegen der Vulkanruinen, die man von dort oben sieht, einzigartig ist. Auch der Waldecker Schlossberg selbst ist einer jener Feuerberge, die diesem Gebiet ihren Stempel aufdrücken.

Rund 20 Millionen Jahre dürften diese Vulkane alt sein. Es spielten sich Szenen ab, wie man sie aus sündhaft teuren Hollywood-Produktionen kennt. Der Boden begann zu beben, die Erde riss entzwei. Grundwasser stürzte in die Tiefe und traf auf flüssiges Gestein. In Sekundenschnelle verwandelte sich das Wasser zu Dampf und zischte wieder zurück an die Erdoberfläche. Gewaltige Kräfte schleuderten Lava und Gesteinsbrocken nach oben. Als die Dampfexplosionen nachließen, bahnte sich das Magma in den Spalten den Weg nach oben, kühlte ab und blieb wie ein Pfropfen in der Erde stecken. Wind und Wetter haben im Laufe der Jahrmillionen dann das weiche Gestein, das die Pfropfen umgab, abgetragen und die Vulkanstümpfe zuerst freigelegt und dann aus der Landschaft herausmodelliert. Früher steckten diese Kellergeschosse der Vulkane einige hundert Meter unter der Erde. Die Störungszone rankt sich wie ein Kranz um den Westen und Norden des Naturparks. Neben dem Waldecker Schlossberg sind auch der Armesberg (mit einer sehenswerten Wallfahrtskirche), der Anzenstein (wegen seines Gipfels aus vulkanischem Tuffgestein sehenswert), der Plößberg und der Große Teichelberg (mit Naturwaldreservat) auf diese Art und Weise entstanden.

Ein Ergebnis dieses „Geo-Thrillers" ist auch das Naturschutzgebiet Föhrenbühl bei Grötschenreuth. Der Föhrenbühl ist eines von zwei bedeutenden Naturschutzgebieten des Naturparks. Die Nährstoffarmut auf den dortigen Verwitterungsböden hat zu einer eigentümlichen Vegetation im Naturpark geführt. Das Umweltministerium hat den Föhrenbühl in die Liste der 100 bedeutendsten Geotope im Freistaat aufgenommen. Der freigelegte Kamm, den man dort bestaunen kann, stammt aus dem Untergrund eines früheren Ozeans, den die Kräfte der Erde hier an die Oberfläche gebracht haben.

Apropos Kräfte der Natur. Wie spannend in der Steinwald-Region die Erdgeschichte ist, zeigt ein Forschungsprojekt am Rande des Naturparks. Zwischen Erbendorf und Windischeschenbach gab es eine Bohrung durch die verschiedenen Gesteinsschichten. Sieben Jahre lang fraßen sich die Bohrmeißel Millimeter für Millimeter durch die Erde. Bei 9101 Metern Tiefe und 280 Grad Celsius am Ende des Bohrlochs wurde die Bohrung am 12. Oktober 1994 gestoppt, weil das Ende der beherrschbaren Werte erreicht worden war.

Heute ermöglicht das Gelände der Kontinentalen Tiefbohrung als Geo-Zentrum faszinierende Einblicke in die Erdgeschichte der Region, die besonders interessant ist, weil hier seinerzeit Urkontinente aufeinandergeschoben worden sind. Das Ergebnis ist ein geologischer Fleckerlteppich, der die Herzen von Mineraliensammlern höherschlagen lässt.

Treppe zum Turm

Im tiefsten Winter zeigt sich der Weißenstein von seiner schönsten Seite.

Linke Seite:

Links oben: Tief verschneiter Weg vom Waldhaus zum Oberpfalzturm

Rechts oben: Nicht mehr weit zum Turm

Unten: Wenn Frost und Nebel aufeinandertreffen, verwandelt sich das Waldhaus in eine Märchenlandschaft.

Rechte Seite:

Oben: Traumwinter auf der Hardhöhe

Unten: Festliche Beleuchtung der Kirche „Sankt Peter" in Wäldern zur winterlichen Weihnachtszeit

Linke Seite:

Links:
Verschneiter Weg zum Saubadfelsen

Rechts: Die markante „Steinwaldsphinx“ des Zipfeltannenfelsens

Rechte Seite:

Unzählige, namenlose Felsgruppen machen die Steinwaldwanderung auch im Winter abwechslungsreich.

Linke Seite:

Oben: Blick vom Oberpfalzturm über die verschneiten Baumwipfel

Unten: Wenn über die Platte (946 m) eisige Winde und dicker Nebel ziehen, wird der Oberpfalzturm in eine zentimeterdicke Eisschicht eingepackt. Bei blauem Himmel entsteht eine einmalige Kulisse.

Rechte Seite:

Neben Langlauf ist Schneeschuhwandern auf geführten Wegen im Hochsteinwald eine beliebte Sportart.

Sonnenaufgang an einem Neujahrsmorgen auf dem Oberpfalzturm für Frühaufsteher

SEIN GRAB WIRD GLORREICH
SEIN

Das „Heilige Grab" in Pullenreuth. Die aus dem späten Barock um 1730–1750 stammende Grablege Christi wurde bis 1961 an den Kar- und Ostertagen in der Pullenreuther Kirche „Sankt Martin" aufgestellt. Nach längerer Pause kann man das „Heilige Grab" seit 2023 wieder bewundern.

Links: Mit großer Begeisterung unterhalten die Mitglieder der Gesellschaft Steinwaldia die Gäste.

Rechts: Am 29. 12. findet auf der tiefverschneiten Glasschleif die Rauhnacht statt. Mit Schreckgestalten, Masken und Tänzen will man die bösen Geister in die Flucht schlagen.

Linke Seite:

Steil ragt der mit Raureif überzuckerte Oberpfalzturm auf dem höchsten Punkt des Steinwaldes, der Platte (946 m), in den Himmel.

Rechte Seite:

Oben: Das tief verschneite Waldhaus zieht im Winter viele Schneewanderer an.

Unten: Von Pfaben aus schweift der Blick über den mit Raureif bedeckten Steinwald.

FENDT

Für Ranger
gibt es viel zu tun

„Man kann später nur schützen, was man als Kind schätzen und kennen lernt“ – deshalb ist die Umwelt- und Naturschutzbildung in den Schulen und Kindergärten eine vordringliche Aufgabe der Naturparkranger.

Was haben der weltberühmte große Yellowstone-Nationalpark im US-Bundesstaat Wyoming und der kleine Naturpark Steinwald in der bayerischen Oberpfalz gemeinsam? Zugegeben, auf den ersten Blick nichts oder zumindest nicht viel. Doch bei näherer Betrachtung kann man doch ein paar Gemeinsamkeiten entdecken. In beiden Gebieten gibt es zum Beispiel Luchse. Auch Biber kommen jeweils häufig vor. Bei den Wölfen ist es wohl nur noch eine Frage der Zeit, bis es hier eine weitere Parallele gibt. Und dann sind da noch die Ranger, die durch beide Gebiete streifen. Im Yellowstone-Nationalpark nahm mit Harry Yount der erste Ranger 1880 seine Arbeit auf. Das war damals weltweit ein Novum. Der legendäre Rocky-Mountain-Harry hatte Erfahrung als Berufsjäger, Trapper, Wildnisführer, Mountain Man und in vielen anderen Bereichen und sollte vor allem Wilderei und Vandalismus verhindern. Rund 150 Jahre später sind bei den Rangern im Steinwald Naturschutz und Landschaftspflege, Tier- und Pflanzenmonitoring, Forschung, Besucherlenkung, Bildung und Öffentlichkeitsarbeit die wichtigsten Themen.

Im Sommer 2019 nahm mit Jonas Ständer der erste Ranger im Steinwald seine Arbeit auf. Mittlerweile sind zwei Wildhüter im Einsatz. Sie sind dabei nicht mehr, wie Rocky-Mountain-Harry, mit dem Pferd unterwegs, sondern – soweit es geht – mit modernen E-Mountainbikes. Und sie nutzen neben einem einfachen Feldstecher moderne Wildkameras, empfindliche Bewegungssensoren, elektronische Mikroskope, Peilsender und GPS-Daten. Trotzdem verbringen die Steinwald-Ranger, wie ihr Ur-Ur-Ur-Ahne Harry Yount, viel Zeit draußen bei den Tieren und Pflanzen. „Denn im Steinwald gibt es so viele seltene Tiere und Pflanzen, da hat man immer etwas zu tun“, sagen sie. Die Arbeit ist vielfältig. Mal suchen die Wildhüter nach Luchsspuren im Schnee, mal halten sie in Nistkästen nach Gartenschläfern Ausschau, mal kontrollieren sie beim Monitoring Kreuzotterbestände, mal reparieren sie Hinweistafeln für Wanderer, mal zählen sie in Felsenkellern Fledermäuse, mal überprüfen sie, ob die beiden Hauptwanderrouten Goldsteig und Fränkischer Gebirgsweg durchgängig begehbar sind. Hin und wieder kommt es auch vor, dass sie Autos anhalten, die trotz der Verbotsschilder im Naturpark unterwegs sind. „Die Zufahrt zur Burgruine Weißenstein ist so ein Weg, der immer wieder unberechtigt befahren wird“, erzählen die Ranger. Vor allem aber führen sie Besucher durch den Naturpark, um ihnen die Augen für die Schönheit und Einzigartigkeit „ihres“ kleinen Paradieses zu öffnen.

Ihr Büro haben die Ranger im Fuchsmühler Markthaus, einer der vier Info-Stellen des Naturparks. Viel Zeit verbringen sie mittlerweile aber auch bei der Grenzmühle. Dort befindet sich die Zuchtstation für die vom Aussterben bedrohte Flussperlmuschel. Die Rettung der Muscheln ist derzeit eines der wichtigsten Projekte des Naturparks und erfordert viel Fachwissen, das sich die Ranger aneignen müssen. Glasklares, kaltes, sauerstoffreiches Wasser reicht längst nicht aus, um die Muscheln zu retten. Dazu braucht es zum Beispiel auch Bachforellen, die als Wirtsfisch am Anfang des Lebenszyklus der Muscheln stehen. Nur wenn es den winzigen Larven gelingt, sich als Parasit in den Kiemen einer Bachforelle festzusetzen, können sie zur Muschel heranwachsen, die sich vom Fisch löst, im Bachbett vergräbt, Wasser filtert und vielleicht sogar irgendwann einmal eine Perle produziert, wer weiß. Das Leben der Steinwaldmuscheln ist so spannend, dass Autorin und Illustratorin Gudrun Opladen aus Friedberg bei Augsburg sie sogar als Stoff für ihr Kinderbuch „Margareta – Königin der Flussperlmuscheln“ verwendet hat.

Die Autorin ist eine von vielen Partnern und Partnerinnen des Steinwalds. „Naturpark, das sind ganz viele“, sagt Elisabeth Frank, die seit 2022 als erste hauptamtliche Kraft die Geschicke des Naturparks lenkt. Ämter und Behörden, wie Landesamt für Umwelt, Untere Naturschutzbehörde, Amt für Ernährung, Landwirtschaft und Forsten und die Revierförster der Bayerischen Staatsforsten gehören ebenso dazu wie die Gesellschaft Steinwaldia Pullenreuth, der Geopark Bayern-Böhmen, der Verein für Landschaftspflege, Artenschutz und Biodiversität (VLAB), der Verein KulturLandschaft südlicher Steinwald (KusS), der Gemeindeverbund Steinwald-Allianz, die Öko-Modell-Region Steinwald und viele andere. Nicht zu vergessen natürlich die Grundbesitzer. Von ihrem Verständnis und ihrer Einstellung hängt es letztlich ab, wie sich der Naturpark weiterentwickelt. Allein schon deshalb ist Aufklärungsarbeit ungemein wichtig. Und die startet der Naturpark Steinwald mit seinen Rangern mittlerweile schon in den Kindertagesstätten. Für Kindergärten und Schulen gibt es die Möglichkeit, sich als Naturpark-Kita oder Naturpark-Schule zertifizieren zu lassen. Spielerisch, zum Beispiel durch den Bau von Nisthilfen oder die Pflanzung von Streuobstbäumen, werden die Kinder an das Thema herangeführt. Praktischer Nebeneffekt der Zertifizierung: Von Jahr zu Jahr wächst die Zahl der kleinen Scouts, die Geschwistern, Eltern und Großeltern sagen, wo es beim Naturschutz im Steinwald langgeht. Das Kinderhaus St. Elisabeth in Fuchsmühl und der Kindergarten St. Anna in Waldeck sind die ersten Tagesstätten, die das Zertifikat erworben haben bzw. den Erwerb anstreben. Bei den Schulen hat sich 2022 die Grundschule Friedenfels als erste Bildungsstätte auf den Weg zu diesem Gütesiegel gemacht. Die Zertifizierung gilt fünf Jahre, dann muss sie erneuert werden.

Auch der Naturpark selbst hat mittlerweile ein Gütezeichen. Der Steinwald erhielt bei der vierten Phase der „Qualitätsoffensive Naturparke“ am 17. November 2021 das Siegel „Qualitäts-Naturpark“. Dazu hat der Steinwald in den Bereichen Management und Organisation, Naturschutz und Landschaftspflege, Erholung und nachhaltiger Tourismus, Bildung für nachhaltige Entwicklung und Umweltbildung sowie nachhaltige Regionalentwicklung gepunktet. Bei der vom Verband deutscher Naturparke e.V. (VdN Deutschland) organisierten und vom Bundesamt für Naturschutz (BfN) und dem Bundesministerium für Umwelt, Naturschutz und Reaktorsicherheit (BMU) geförderten Initiative sollen die Naturparke ihre Arbeit reflektieren, einschätzen und kontinuierlich verbessern.

Das ist wichtig, denn ein Naturpark ist nie ganz fertig. Es gibt immer neue Entwicklungen und Gefahren, die es zu moderieren beziehungsweise abzuwenden gilt. „Windenergie“ ist hier ein häufig gehörtes Schlagwort. Auch der Klimawandel wirkt sich aus. Vor allem an Moorflächen und in den Bachbetten zeigen sich bereits die Auswirkungen. 2022 hatte das Wasser in einigen Bächen so sehr abgenommen, dass erstmals Flussperlmuscheln in tiefere Abschnitte umgesetzt werden mussten, um sie zu retten.

Eine Daueraufgabe ist es, invasive Arten, also Tiere und Pflanzen, die aus anderen Regionen einwandern, in Schach zu halten. Sie stellen eine Gefahr für die typische Flora und Fauna dar, weil sie sich rasch ausbreiten und „Ureinwohner“ aus ihren angestammten Lebensräumen verdrängen. Von diesen pflanzlichen Neophyten und tierischen Neozoen gibt es mittlerweile einige im Steinwald.

Eine der bekanntesten ist der Riesenbärenklau. Es ist ratsam, einen großen Bogen um ihn zu machen. Die aus dem Kaukasus eingewanderte Pflanze, die aufgrund ihrer Größe auch Herkulesstaude genannt wird, kann bei Berührung schmerzende Quaddeln und Blasen auf der Haut hervorrufen, die Brandverletzungen ähneln. Auch die aus Amerika stammende Lupine ist so ein unerwünschter Eindringling. Sie verdrängt Pflanzen wie die Arnika, das Knabenkraut und die Türkenbundlilie. An den klaren Flüssen und Bächen breiten sich zunehmend das Indische Springkraut und der Signalkrebs aus. Auch der Waschbär aus Nordamerika ist bereits da, wie Fotofallen-Bilder beweisen.

Apropos Fotofallen: Sie liefern Tausende von Bildern, die zeitaufwändig ausgewertet werden müssen. Die Fotos, die allein schon wegen des Luchsmonitorings wichtig sind, bringen selbst für die Ranger immer wieder Überraschendes zutage. Im Jahr 2020 waren das zum Beispiel drei Luchsjunge aus einem Wurf, die auf den Bildern zu sehen waren. Auch Wildkatzen konnten die Ranger so schon sicher nachweisen. Sikawild und Mufflons sind ebenfalls schon abgelichtet worden. Und dann und wann ist auch ein zweibeiniger Eindringling zu sehen, der abseits der freigegebenen Wege unterwegs ist. Dies ist für die Ranger kein Kavaliersdelikt. Denn trotz aller Öffentlichkeitsarbeit gilt im Naturpark noch immer die Regel: Bitte auf den markierten Wegen bleiben, um Tiere und Pflanzen nicht unnötigem Stress auszusetzen oder gar zu gefährden. Und dann gibt es wirklich noch unvernünftige Zeitgenossen, die geschützte Pflanzen, wie die Arnika, einfach ausgraben, mitnehmen und daheim in den Steingarten pflanzen. Und das obwohl es die Pflanzen für ein paar Euro in jedem gut sortierten Baumarkt gibt. Und dann sind da tatsächlich noch Leute, die Einrichtungen mutwillig zerstören. Die Info-Stelen für das Natur-Navi, mit dem Besucher per Handy kostenlos Informationen über die Ruine Weißenstein, das Rotwildgehege beim Waldhaus und andere Highlights abrufen können, sind so ein typisches Ziel von Vandalismus. Auch eine Wildkamera wurde schon zertrümmert – waren Wilderei und Vandalismus nicht die Hauptaufgaben der ersten Ranger im Yellowstone-Nationalpark? Rocky-Mountain-Harry lässt grüßen.

RANGER

Vogeluhr
Sonnenaufgang
am 15. Mai 5³⁰ Uhr

Burgruine / Aussichtspunkt
Ortsmitte Waldeck
Wanderweg 1,8 km
Rund um den Schloßberg
Wanderweg 10,9 km
Wanderweg 15,5 km

Linke Seite:

Links oben: Links der Ranger Jonas Ständer, in der Mitte die Geschäftsführerin des Naturpark Steinwalds Elisabeth Frank, rechts die Rangerin Cornelia Greiner

Rechts oben und links unten: Spielerisch und anhand von Modellen wird den Kindern und Erwachsenen die Natur nahegebracht.

Rechts unten: Die Besucherlenkung im Steinwald erfordert regelmäßige Kontrollen der Wanderwege und Wartung der Wegweiser und Markierungen.

Rechte Seite:

Oben: Reiserbesen herstellen, Bürstenbinden und andere alte handwerkliche Tätigkeiten werden als Kurse angeboten, damit das kulturelle Erbe des Steinwaldes nicht in Vergessenheit gerät.

Unten: Auf dem abwechslungsreichen Waldlehrpfad bei Fuchsmühl lernen Kinder und Erwachsene unter anderem physikalische Phänomene spielerisch kennen.

Eine vom Aussterben bedrohte Art ist der hübsche Feuersalamander: durch den Verlust des Lebensraumes und immer häufiger durch einen agressiven Pilz (BSAL).

In früheren Zeiten wurde die Arnika als Naturheilmittel häufig in größeren Mengen gesammelt, sodass man sie unter Schutz stellen musste, damit sie nicht vollends verschwindet.

Ein Schwerpunkt der Arbeiten der Naturpark-Ranger ist die Rettung der fast ausgestorbenen Flussperlmuschel.

Links oben: In nur wenigen Bächen ist die Flussperlmuschel noch zu finden. Hier werden auch die nachgezüchteten Jungmuscheln ausgewildert.

Links Mitte: Eine Flussperlmuschel braucht viele Jahrzehnte, bis sie diese Größe erreicht hat.

Links unten: Das durch den Verein KusS e.V. (KulturLandschaft südlicher Steinwald) neu geschaffene Flussperlmuschelzentrum mit Info-Stelle des Naturparks

Rechte Bilder: Mithilfe eines Stereomikroskops werden die winzigen Jungmuscheln von den dafür ausgebildeten Rangern isoliert und in speziellen Lochplatten für 3–4 Jahre aufgezogen, bevor sie dann ausgewildert werden.

Im Rahmen des Artenschutzprogramms versucht man die Population des bedrohten Gartenschläfers wieder zu verbessern.

Links oben: Gartenschläfer im Kobel, das Wildtier des Jahres 2023

Rechts oben: Probenentnahme von Kot für die DNA-Bestimmung

Unten: Typisches Habitat (Lebensraum) für den Gartenschläfer

Linke Seite: Das Artenschutzprogramm „Luchs" zeigt schon große Erfolge mit Nachwuchs; hier die Lüchsin „Fine".

Rechte Seite:

Links oben: Der Schwalbenschwanz zählt zu den schönsten europäischen Tagfaltern.

Rechts oben: Im Rahmen der Fenchelaktion des Vereins KusS e.V. (KulturLandschaft südlicher Steinwald) werden jedes Jahr über tausend Fenchelpflanzen verschenkt, welche die Nahrungsgrundlage der farbenprächtigen Schwalbenschwanzraupe ist.

Links unten: Kreuzotter, versteckt in einem Wurzelstock

Rechts unten: Überwinternde Fledermäuse in einem Felsenkeller

Die Neophyten sind neu eingewanderte Pflanzen, die natürlicherweise hier nicht vorkommen und mit den einheimischen Pflanzen konkurrieren. Da hierdurch die Artenvielfalt bedroht wird, ist es Aufgabe der Ranger, die Ausbreitung zu kontrollieren.

Linke Seite:

Links oben: Indisches Springkraut

Rechts oben: Japanischer Staudenknöterich

Unten: Lupinen

Rechte Seite: Riesenbärenklau

Der Naturpark Steinwald besitzt vier Info-Stellen.

Linke Seite:

Links: Info-Stelle Fuchsmühl mit dem Naturparkbüro

Rechts oben: Info-Stelle Waldhaus

Rechts unten: Info-Stelle Glasschleif

Rechte Seite: Info-Stelle Grenzmühle

BAUPLAN
DER MUSCHEL
LEBENSZYKLUS
DIE PERLEN

BILDNACHWEIS

Alle Bilder stammen von Dr. Siegfried Steinkohl, außer

Eberhard Freiherr von Gemmingen-Hornberg S. 8
Gebietsbetreuung NP Fichtelgebirge S. 133 links oben
LfU S. 94 links oben, S. 136
Matthias Kunz S. 2, S. 45
Maximilian Steinkohl S. 7
Peter Steinhauser S. 8
unbekannt S. 13
Wolfgang Benkhardt S. 44 rechts unten, S. 97 links unten

DANKSAGUNG

Unser besonderer Dank geht an alle, die zum Gelingen des Buches beigetragen haben.
Das ist zunächst der Naturpark Steinwald mit seinem Vorsitzenden Eberhard Freiherr von Gemmingen-Hornberg, der Geschäftsführerin Elisabeth Frank und dem ehemaligen Geschäftsführer Ernst Tippmann sowie den Naturpark-Rangern Cornelia Greiner und Jonas Ständer.
Danke an alle, die großzügig die Fahrtgenehmigung für den Naturpark Steinwald gegeben haben. Das sind Eberhard Freiherr von Gemmingen-Hornberg, die Bayerischen Staatsforsten Waldsassen, Carsten Klöble, Eckhardt Deutschländer und Matthias Gibhardt.
Dank auch an Johannes Bradtka, Matthias Kunz, den Naturpark Fichtelgebirge und das Bayerische Landesamt für Umwelt für die großzügige Überlassung von Bildern.
Besonders bedanken möchten wir uns beim Battenberg Gietl Verlag für die unkomplizierte und tatkräftige Unterstützung bei der Erstellung des Buches.
Dank auch an Maximilian Steinkohl für die Erstellung der Landkarte.
Last but not least: bei unseren Familien, die viel Verständnis für die Arbeit am Buch zeigten.

Die Autoren

Wolfgang Benkhardt

„In jedem Menschen, in jedem Tier, in jeder Pflanze steckt eine faszinierende Geschichte. Man muss sich nur die Zeit nehmen, sie zu entdecken“, sagt Wolfgang Benkhardt. Und wer das Leuchten in seinen Augen sieht, weiß, wie sehr der Journalist in diesen Entdeckungen aufgeht. Seine Passion ist nicht nur die Suche nach diesen Geheimnissen, er will sie auch in Worte fassen, will möglichst viel davon festhalten, damit auch andere sich daran erfreuen können. Egal ob der Autor über Bier, kulturelle Sehenswürdigkeiten oder die traumhaften Schönheiten der letzten Oberpfälzer Naturoasen schreibt: Seine Texte und Bücher sind stets Einladungen dazu, diesen Dingen selbst nachzuspüren. Wolfgang Benkhardt, Jahrgang 1964, ist in Weiden geboren, in Pressath aufgewachsen und lebt heute mit seiner Frau und seinen beiden Kindern in Erbendorf am Fuße des Steinwalds im Landkreis Tirschenreuth. Gemeinsam mit Siegfried Steinkohl veröffentlichte er noch das Buch „Steinreich – Wildromantisches Waldnaabtal“.

Dr. Siegfried Steinkohl

wurde am 13.11.1952 in dem beschaulichen und geschichtsträchtigen Bergbaustädtchen Erbendorf im Steinwald geboren. Nach dem Medizinstudium war er von 1986 bis 2017 als Landarzt in Friedenfels, der „Perle des Steinwaldes“, tätig. Umgeben von einer wunderschönen Landschaft verbrachte er bereits als Kind gerne Zeit in der Natur und sammelte mit Begeisterung Steine, fing Schmetterlinge und Käfer und beobachtete Frösche und Molche. Mit 16 Jahren entdeckte er seine Leidenschaft für Fotografie, vor allem Reise- und Landschaftsfotografie und ganz besonders die Natur- und Makrofotografie. Der zweitkleinste Naturpark Steinwald in Bayern bietet dafür viele Gelegenheiten und aus den im Laufe der Jahre entstandenen Bildern entstand der Bildband „Steinreich – Naturpark Steinwald“. Gemeinsam mit Wolfgang Benkhardt veröffentlichte er auch sein zweites Buch „Steinreich – Wildromantisches Waldnaabtal“.

Wunderbare Bücher aus unserer Region

ISBN 978-3-95587-086-7 · Preis: 24,90 €

ISBN 978-3-95587-105-5 · Preis: 19,90 €

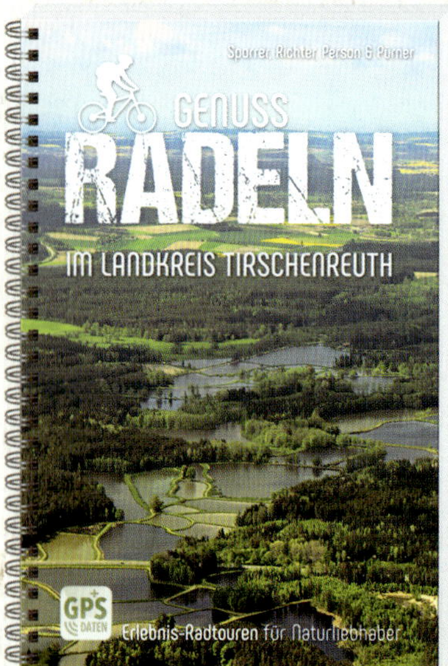

ISBN 978-3-95587-089-8 · Preis: 17,90 €

ISBN 978-3-95587-096-6 · Preis: 17,90 €

ISBN 978-3-95587-101-7 · Preis: 39,90 €

ISBN 978-3-95587-816-0 · Preis: 39,90 €

ISBN 978-3-95587-094-2 · Preis: 29,90 €

ISBN 978-3-95587-806-1 · Preis: 16,90 €